TAPISSERIES
Anciennes
DES FLANDRES

Ameublement de Salon

EN ANCIENNE TAPISSERIE D'AUBUSSON

Appartenant à Mme la Comtesse de M...

PARIS — JUIN 1910

TAPISSERIES ANCIENNES

DES FLANDRES

AMEUBLEMENT DE SALON

en ancienne Tapisserie d'Aubusson

Appartenant à Mme la Comtesse de M..

TAPISSERIES ANCIENNES

DES FLANDRES

AMEUBLEMENT DE SALON

en ancienne Tapisserie d'Aubusson

Appartenant à M la Comtesse de M...

Carte d'Entrée à l'Exposition Particulière

HOTEL DROUOT, Salle n°

M F. LAIR-DUBREUIL   MM. FAULME & B. LASQUIN FILS

CONDITIONS DE LA VENTE

Elle sera faite au comptant.

Les adjudicataires paieront **dix pour cent** en sus des enchères.

L'Exposition mettant le public à même de se rendre compte de l'état et de la nature des objets, aucune réclamation ne sera admise une fois l'adjudication prononcée.

Paris. — Imp. Georges Petit, 12, rue Godot-de-Mauroi. · 20736·10

CATALOGUE

DES

Tapisseries Anciennes

DES FLANDRES

ET

AMEUBLEMENT DE SALON

COUVERT EN

Ancienne Tapisserie d'Aubusson

Appartenant à Mme la Comtesse de M...

ET DONT LA VENTE AUX ENCHÈRES PUBLIQUES AURA LIEU A PARIS

HOTEL DROUOT, Salle N° 7

Le Samedi 11 Juin 1910

à 4 heures et demie

COMMISSAIRE-PRISEUR	EXPERTS
Me F. LAIR-DUBREUIL	**MM. PAULME & B. LASQUIN FILS**
6, rue Favart, 6	10, rue Chauchat rue Grange-Batelière, 11

EXPOSITIONS

PARTICULIÈRE : *Le Vendredi 10 Juin 1910, de 1 h. 1/2 à 6 heures.*

PUBLIQUE : *Le Samedi 11 Juin 1910* (jour de la vente), *de 1 h. 1/2 à 4 h. 1/2.*

DÉSIGNATION

---

1 — TAPISSERIE FLAMANDE du XVIIe siècle.
Composition à grands personnages
guerriers, représentant un repas dans
un camp. Bel encadrement de bordures,
à cartouches, chutes de fleurs et fruits,
mascarons, etc.

Haut., 3 m. 55; larg., 4 m. 10.

2 — TAPISSERIE FLAMANDE du XVIIe siècle.
Composition à grands personnages :
Retour de chasse. Encadrement de bordures, fait de colonnes ornées de chutes
de fruits, bandeaux à cartouches et
rinceaux.

Haut., 4 m. 50; larg., 3 m. 60.

3 — Tapisserie flamande du XVIIe siècle. Composition à grands personnages, à sujet guerrier. Riche encadrement de bordures, fait de vases chargés de fruits, d'amours, guirlandes, attributs divers, cartouches à petits paysages, etc.

Haut., 4 mètres; larg., 5 m. 10.

4 — Tapisserie flamande du XVIIe siècle. Composition à grands personnages : sujet tiré de l'Histoire de Cléopâtre. Riche bordure d'encadrement à vases de fruits, amours, guirlandes de fleurs, etc. Au centre de la bordure supérieure, cartouche avec inscription.

Haut., 4 mètres; larg., 4 m. 60.

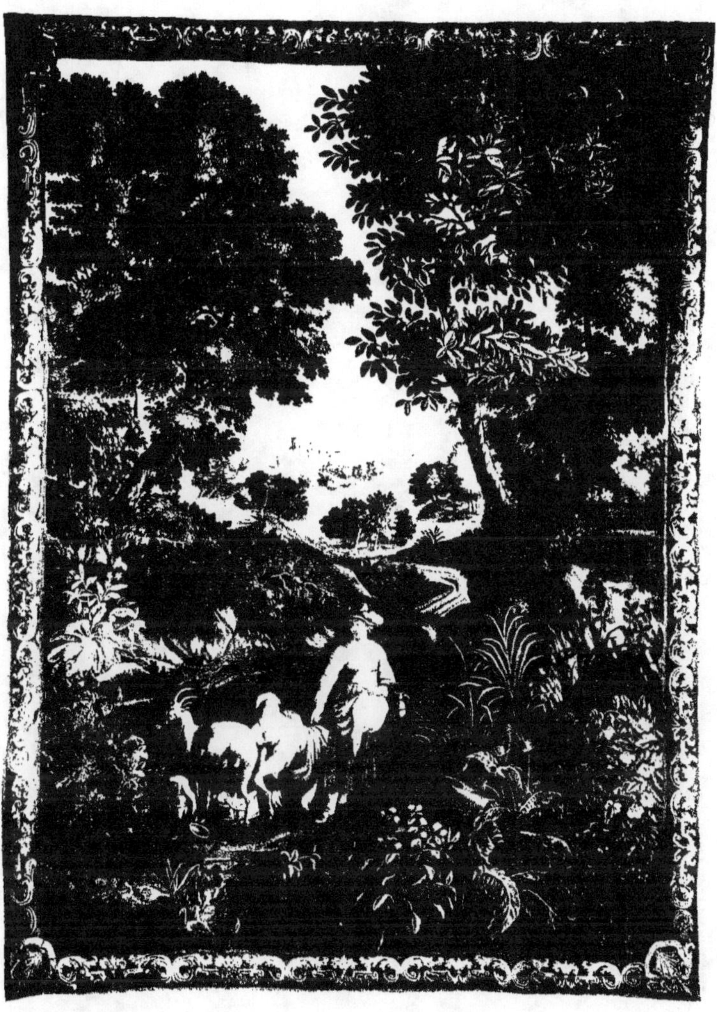

6

5 — TAPISSERIE FLAMANDE du temps de Louis XIV. Composition d'après Teniers : *Le Marchand de lunettes*. Fond de paysage avec grands arbres sur les côtés. Bordure d'encadrement à rinceaux et palmettes aux angles, en camaïeu jaune.

Haut., 4 mètres ; larg., 3 mètres.

6 — TAPISSERIE FLAMANDE de la même suite que la tapisserie précédente. Sujet Teniers : *L'Heure de la traite*. Fond de paysage à grands arbres. Même bordure.

Haut., 4 mètres ; larg., 3 mètres.

7 — Tapisserie d'Aubusson offrant, sur fond blanc, deux vases et une corbeille chargés de fleurs entre deux arbustes tout enguirlandés de torsades fleuries. Bordure d'encadrement simulant un cadre.

Haut., 3 m. 25 ; larg.. 2 m. 80.

8 — Ameublement de salon comprenant un canapé et six fauteuils, en bois sculpté ciré rehaussé de dorure, genre Louis XVI, recouvert en ancienne tapisserie d'Aubusson du temps de Louis XVI, à rinceaux et vases fleuris, sur fond bis, dans le goût de Salembier.

Largeur du canapé, 2 mètres.
Largeur d'un fauteuil, 66 cent.

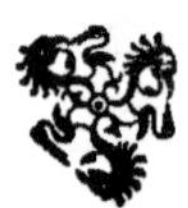

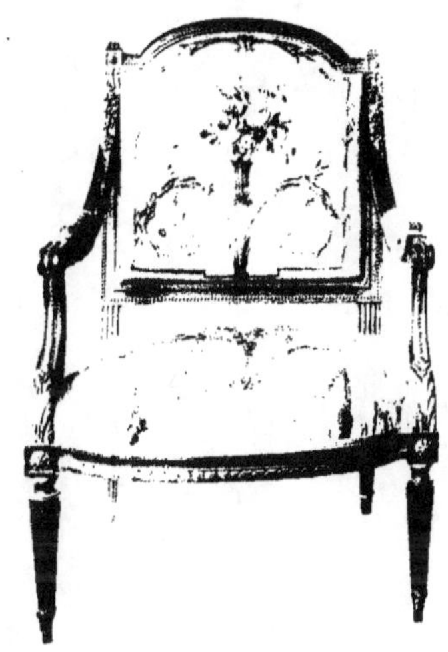

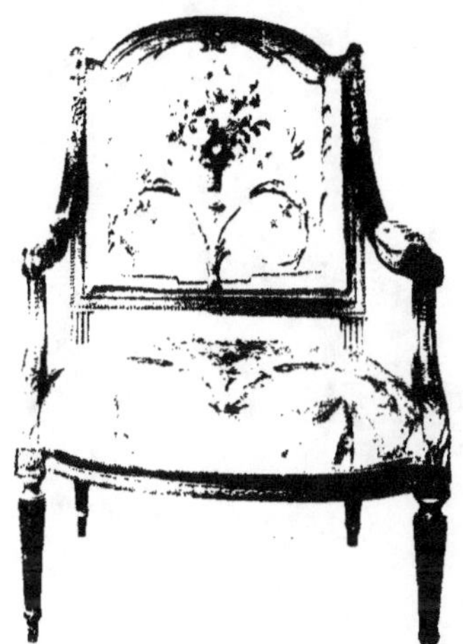

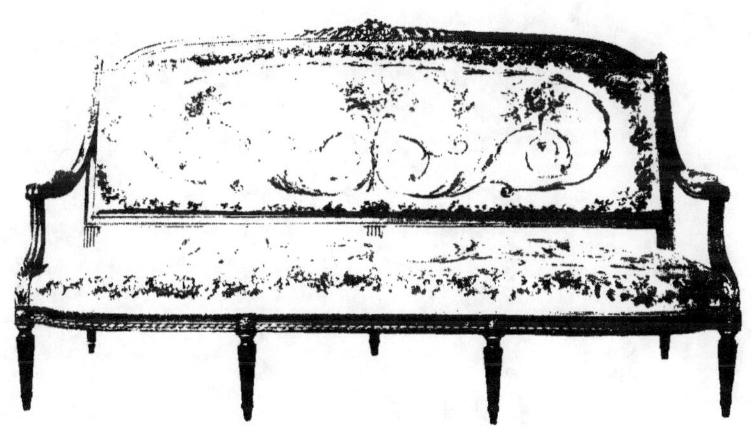

ANCIEN TAPIS PERSAN

Appartenant à MM. X...

ANCIEN TAPIS PERSAN (Ispahan) à trois
compartiments, décor à médaillons bleus
sur fond rouge chargé d'arabesques. Bordures bleues ou jaunes à fleurs. XVIᵉ siècle.

Long., 2 m. 80 ; larg., 1 mètre.

9 782329 609300